Andreas Knapp

Beim Anblick eines Grashalms

Naturgedichte

Andreas Knapp

Beim Anblick eines Grashalms

Naturgedichte

echter

von der Erde
und ihren Elementen

elementare fragen

ob der erde übel ist
wenn sie aus dem innern speit
oder ob sie angst erlebt
wenn sie bebt und zittert

ob das meer erobern will
wenn es über ufer schlägt
oder ob es mordgelüstet
wenn es todeswogen rollt

ob das feuer hunger leidet
wenn es züngelnd um sich frisst
oder ob es wut empfindet
wenn es welt in asche legt

ob die luft nur spielen will
wenn sie um sich selber wirbelt
oder ob sie gierig ist
wenn sie alles mit sich reißt

erde wasser feuer luft
sie kennen kein gefühl
wir menschen aber müssen leiden
und fragen schmerzerfüllt nach dem warum

vesuv

der gigantische pickel
auf der haut der erde
plötzlich
aufgeplatzt

glutrot
der blutfluss
allesversengend
den abhang hinunter

auf kaum
erkalteter asche
wuchert schon grün
die kraterhöhe hinauf

abwärts der tod
aufwärts das leben
mors et vita duello
wer wird am ende siegen

im fließenden licht

durstig im dunkel
taste ich mich zur lichtquelle

sehnsüchtig nach weite
schreite ich über lichtwellen

befleckt von schatten
stelle ich mich in einen lichtstrahl

aus angst vor finsternis
stürze ich mich ins flutlicht

erfüllt von glück
bade ich im lichtermeer

ins Meer getaucht

Blau umfließt mich
tiefer als der Himmel
getragen von grenzenloser Weite
Fische fliegen mit mir
ins Universum hinaus
schwereloses Schweben
schweigende Fülle von allen Seiten
eingetaucht in Unendlichkeit

worum es sich dreht

atome und sonnen
galaxien und monde
moleküle und mücken
karussell und kreisel

der ganze kosmos
zurückgekrümmter raum
dreht sich letztlich
um sich selbst

einzig der mensch
im lieben und beten
kreist um ein zentrum
ganz außer sich

sahara

uferlos stehen
die sandgelben wogen
dünen an dünen
ein vor lauter hitze
erstarrter ozean

wie wäre es
wenn diese landschaft
in bewegung käme
hügel würden fließen
und sandwellen rollen

ein zeitrafferauge
könnte die dünen wandern sehen
das fluten der landschaft
wellengang im dünenmeer
festland das fließt

Windspiel

über Nacht hat der Wind
auf leisen Sohlen
die Dünen besucht
und strich ihnen zart über den Rücken

seine Spuren blieben
über den Morgen hinaus
hauchfeine Ornamente
Höchstmaß an Symmetrie

der wogenden Landschaft eingeprägt
das Wasserzeichen ferner Meere
sanfte Wellen in den Sandteppich gewoben
Linienführung gegen unendlich

der Wind der Wind
spielt wie ein Kind
mit Wasser und mit Sand
doch zu wessen Freude

im Morgenwind

beim Erwachen des Lichtes
fährt Windspiel
in Wellen durch dein Haar
und weckte unsere Sehnsucht
nach der Weite des Meeres
und der Freiheit des Windes

wind art

die blau grundierte leinwand
bis zum horizont gespannt
mischt der wind auf seiner palette
wolken und licht
und malt uns voll der phantasie
den himmel aus

performance im wasser
aufgepeitschte wogen
wellen brechen mit getöse
der sturm zeigt den
windjammernden schiffen
seine muskeln

bildhauer der jahrmillionen
aus härtestem fels
skulpturen sandgestrahlt
mit steinerweichender geduld
in den gräsern aber singt der wind
sich selbst in den schlaf

sunt lacrimae rerum *

nach millionen von jahren
werden selbst die steine weich
und bitter schmeckt das meer
sammelbecken unsichtbarer tränen
winde heulen haben heimweh
in einem letzten zucken
verglüht der sternenstaub
wunschlos traurig
am übernächtigten himmel
unhörbar das schluchzen
der steine und sterne
weltschmerz wohnt
in allen elementen
die dinge haben
ihre tränen

wessen tränen aber
sind wir menschen

* „Die Dinge haben ihre Tränen." (Virgil)

mit den Jahreszeiten unterwegs

von der kraft des zarten

frühlingssonne
warm und weich
lässt den eispanzer
der teiche splittern

krokus und schneeglöckchen
tasten sich mit fingerspitzengefühl
durch verharschten schnee
höher zum licht

ein grashalm
zart und zerbrechlich
streichelt sich sanft
durch winterharte erde

nicht der eisernen faust
nur behutsamer berührung
öffnet sich der innenraum
von mensch und gott

ein Sommernachtstraum

die Nacht legt sich sanft
auf den blauen Teppich des Meeres

eine Pinie reizt mit vielen kleinen
Nadelstichen den Himmel zum Duften

die Grillen zirpen
sich nicht müde

ich atme im Rhythmus der Wellen
ihren Salzgeschmack auf den Lippen

ein Stern zwickt mich sanft in die Nase
und du

es herbstet

bäume streuen todesanzeigen
auf bunten flyern
über straßen und gärten
bald sind sie selbst
nur noch ein scherenschnitt
das adergeäst hilferufend
zum himmel gereckt
im gerippe eines strauches
das warngeblinke
todbringender beeren
im kern jedoch
träumt bereits
das neue leben
vom erwachen

abschied im herbst

die schatten werden länger
fallen auf meine seele
die nachtlängen wachsen
und bleiben doch ohne schlaf
nebel außen und innen
trauerflor umhüllt meinen aderpuls
meine gefühle sind eingefroren
trockene herzlandschaft

ich wollte den sommer festhalten
aber die blätter sind gefallen
frost kriecht über meine haut
angesichts der nackten bäume
allein im kalten wind
kein sonnenstrahl lässt sich umklammern

der zugvogel
der sein nest nicht verlässt
wird am ende darin erfrieren
er muss alles loslassen
und aufbrechen
ganz allein
doch in der wunde seines herzens
ist raum
für lichtwarme erinnerung

entfremdung

so nah hatten wir
uns einst eingepflanzt
gemeinsam zu wachsen
das wurzelwerk in der tiefe
heimlich verflochten
doch du bist mir fremd geworden
deine triebe wenden sich
längst ab von mir
deine früchte
mir unkenntlich
im letzten aufbäumen
gegen die nahende ferne
beuge ich mich
wie ein dürrer ast
zu dir hinüber
und zersplittere
bis in die wurzelspitzen

erfrorene Rose

gebrochenes Genick
der Kopf hängt vornüber
verblasste Blutröte
einst blühenden Lebens
nur im Herzen noch
Spuren von Duft
der niemanden lockt
umsonst verteidigen die Dornen
das erstorbene Leben

die Zypressen im Campo Santo

mahnende Zeigefinger
tausendfach erhoben
cave mortem
doch der Stamm der Zypresse
taugt nicht zur Himmelsleiter
ihre Wurzeln berühren
kalte Gebeine
deren Ächzen steigt
bis in die äußersten Äste empor
die spitzen Schatten
wandern sonnenuhrengleich
über die Gräber
und zeigen den Toten
die für sie nicht mehr erreichbare Zeit an

die wüste lebt

lange jahre schon schlummert
inmitten der dünen verloren
das verwehte samenkorn
winzig und steinhart
gleich den toten sandkörnern
die es milliardenfach umlagern

doch es hat untertag
seine andere herkunft
nie vergessen

und wenn eines fernen morgens
ein satter regen aus
allen wolken fällt
strebt es unbändig und
unaufhaltsam lichtwärts
und lässt die wüste
dem tod zum staunen
vielfarbig blühen

was dem Menschen
blühen kann

sonnenblume

morgens geostet
mittags im zenit
des abends aber
trauerst du
mit hängendem kopf
dem sinkenden rot
noch lange nach

tag für tag
verfolgst du gebannt
die himmelsreise
der sonnigen schwester
nach so viel zuwendung
siehst du ihr
ähnlich

zur alpenrose

im unwirtlichen verwurzelt
wie eine schutzhütte
an den felsen geschmiegt
mit leuchtfarbe lockend
rot die aushängeschilder
sommertageskarte
in blüten blinken
nektartropfen
für das fliegende völkchen
und nach dem leeren
letzter becher
der große almrausch

ölbaum

verkrümmt verwachsen
verknotet verschlungen
durchlöchert durchbrochen
steinalter stamm

verjüngt sich hoffnungsgrün
dem himmel entgegen
früchte hängen schwarz und schwer
tropfen triefenden öls

silberblick der blätter
knisterflüster im wind
und der gebrochene zweig
zeichen des friedens

noli me tangere

brombeere und distel
kaktus und rose
ein arsenal des schreckens
aus stacheln und dornen

die unbewehrte
blüte aber
wagnis der
verletzlichkeit

komm doch
bloß
der liebe
näher

nicht mit händen zu greifen

der rose
schönes geheimnis
zu durchschauen
du entblätterst sie
rot um rot
am ende bleibt
zwischen deinen fingern
das nackte nichts

agavenblüte

einmal in die Höhe schießen
ganz aufblühen
und dann sterben

ein einziges mal
mich verausgaben
und alles geben

einmal im leben
wirklich
lieben können

dann hat leben
und sterben
einen sinn

kathedrale aus buchen

portale wachsen in die weite
tausend schlanke säulen
tragen das grünende gewölbe
majestätisch emporstrebende architektur
heilige halle des lebens
chorraum offen ins unendliche
maßwerk ins unermessliche
knorrige kapitäle in unsichtbarer höhe
zerstäubendes licht
bricht durch den vorhang aus blättern
vielstimmige stille erfüllt den raum
blumenteppiche weiß und violett
entfalten ihre blüten zum gebet
harze verströmen weihrauchduft
weihwasser tropft aus der höhe
kommunion von himmel und erde

botanischer alpinismus

allen bergsteigern weit voraus
haben gipfelstürmer in grünen socken
und ohne sichernde seilschaft
die verwegensten felsnadeln bezwungen

im kriechgang
geröllstromaufwärts
garnieren sie das graue felsenmeer
mit leuchtenden tupfen

am höhepunkt kein kreuz aufgepflanzt
sondern einen weißen stern
während feinfühlige wurzeln
das ausgemergelte gestein durchtasten

der tod sucht sich
seine ursache
das leben aber
seinen grund

baumstumpf

durch scharfe axthiebe
stamm und krone verloren
die lebenskraft aus den wurzeln
schießt ins leere
harztränen können die
ganzwunde nicht schließen
phantomschmerz bis
zum himmel
im letzten aufbäumen
gegen den morschen tod
entsprießt dem stumpf
waghalsig grün
ein lebenslustiger trieb
stammhalter einer
knospenden hoffnung

pusteblume

manchmal muss das leben
kämpfen wie ein löwe
zahnwurzeltief
im fleisch der erde
noch die gebrochene
wurzelspitze wuchert wieder
zum verdruss des gärtners

manchmal kann das leben
schweben wie ein seidenschirm
federleichthoch
in das helle des himmels
noch das verwehte
samenkorn keimt irgendwo auf
zur freude der kinder

Aufrecht

der Keimling im steinigen Acker
strebt erhobenen Hauptes
höher zum Licht

das niedergetretene Gras
im Tau des Morgens
richtet sich wieder auf

das gebogene Schilfrohr
wird auch nach dem stärksten Sturm
immer noch zu sich selbst stehen können

wenn auch auf Sand gebaut
kennt die Palme inmitten der Wüste
Stand und Widerstand

ach hätte doch der homo erectus
genug Rückgrat um aufrecht zu leben
als Gottes Ebenbild

der Grund der Welt

hinter einem Felsen verborgen
eine wilde Blume
als ich sie entdeckte
war mir als ob sie
gerade für mich blühen wollte

du
fielst mir ein
vielleicht war es ja deine Liebe
die mir diese Blume
hier hat blühen lassen

dann aber lächelte ich
über die romantische Idee

wenn es jedoch stimmt
dass Liebe in der Welt ist
kann dann nicht vielleicht auch gelten
dass die Welt in der Liebe ist

tierisch Menschliches

zwergenaufstand

ameisen aller staaten
vereinigt euch
werft die peptidenketten von euch
weg mit den pheromonen
die euch versklaven
demonstriert in langen reihen
blockiert die ameisenstraßen
gegen das joch des matriarchats
schafft die kasten ab
propagiert die klassenlose gesellschaft
stürzt die königin vom thron
keine privilegien mehr
für die reproduktion
schluss mit dem pflichtzölibat
duldet keine standesehen mehr
nachwuchs für alle
und freie liebe

Zugvögel

mitten im Zuhause
überfallen von Heimweh
Unruhe im Gefieder
Wintervorzeichen
der Sonnenbogen schrumpft von Tag zu Tag
die Wärme zieht sich zenitwärts zurück
dunkle Ahnung von wachsender Nacht
die Sehnsucht schaut in den Südhimmel
lockendes Blau im Mittagsland
singend sammeln sich die Vagabunden
gemeinsames Fernweh
treibt sie in Schwärme geheimnisvoller Ordnung
kein Nest hält sie zurück
wer kennt den Weg ins gelobte Land
den Sternen uralter Sehnsucht folgen
den Landkarten des Herzens vertrauen
verschollene Erinnerung wird wach
Träume lenken die Flügel
Nomaden des Himmels

ich sehe
wie sie sich sammeln
warten auf ein geheimes Zeichen
zum Aufbruch
von Tag zu Tag
wächst der Schwarm und die Unruhe
und eines Morgens
ausgestorben der große Appellplatz
leerer Himmel
verstummter Gesang
nur eine Feder bleibt zurück
und mit ihr mein Herz
das zu zerbersten droht
vor Heimweh
nach unendlicher Ferne

siesta – bitte nicht stören

ein platz an der sonne
auf der faulen haut liegen
wohlige wärme genießen
einfach vor mich hin dösen

nur die lästige fliege
surrt um mich herum
das hartnäckige biest
gibt keine ruhe

manche verfluchen
die nervige fliege
doch die mistige mücke
lässt sich so nicht vertreiben

ich habe aus dieser not
längst eine tugend gemacht
und mir lässig angewöhnt
den störenfried genüsslich zu fressen

tja
eine eidechse
muss man
halt sein

Gottesanbeterin

im grünen Gras getarnt und versteckt
mit Augen groß und rund
da sitzt ganz still das schrille Insekt
zu seiner Andachtsstund

die Arme fromm zum Himmel erhoben
und ganz dem Beten ergeben
so scheint das Tierchen Gott nur zu loben
denkt nicht ans irdische Leben

es tut keiner einzigen Fliege zu Leid
will's scheinen – doch täusche dich nicht
die Krallen sind scharf und zum Töten bereit
zuvor es jedoch sein Tischgebet spricht

Weisheit

Der Mensch weiß
dass er nichts weiß.

Weiß der Geier
dass er nichts weiß?

Weiß der Kuckuck!

Friede und Freiheit
drei Traumbilder

I

auf der Schattenseite
der südlichen Stadt
in beengender Gasse
von jeder Sonne abgeschirmt
nur auf dem Balkon
singt im winzigen Käfig
der goldgelbe Vogel
sein fernwehes Lied

II

krächzend kreisen Krähen
über den grauen Gräbern
in jedem Krieg triumphiert
als wahrer Sieger
der Allesfresser Tod
außerhalb von Friedhofsmauern
gibt es auf dieser Erde
keinen Frieden

III

dem Käfig und
Tod zu entkommen
wirf dich in die Winde
und steige höher noch
als die Falken
du Taube
mit dem Ölzweig
im Schnabel

der hirte im schafspelz

ein bild des friedens
das lämmchen auf den schultern
die wölfe sind längst ausgerottet
unterm krummstab ruht sich‘s gut
und gegen die kälte der nacht
das schützende schaffell

darunter jedoch
das lauernde raubtier
wolfsgeheul des nie genug
zwischen gefletschten zähnen
dem endlosen heißhunger
wehrlos ausgeliefert

wer hütet uns hirten
vor dem wolf
der wir sind

der Mensch
im Spiegel der Natur

langsam leben lernen

ein gedicht für leute, die keine zeit haben, es zu lesen

immer mit dem blinker links
die überholspur als lebensmotto
gasförmig verflüchtigt sich
die landschaft der wirklichkeit
im hochgeschwindigkeitsrausch
sind hören und sehen vergangen

steig aus
nackte sohlen
geben bodenhaftung
du musst wurzeln schlagen
zu sinnen kommen
barfuß geerdet

das gras in grünen wellen wachsen hören
das wunder der wandlung von der knospe zum
kelch betrachten
das hundertjährige ringen der steineiche ertasten
im wein den trockenen sommer noch schmecken
und riechen wie unter der decke aus modrigem
laub
sich ein veilchen duftend aus dem winterschlaf
räkelt

strandgut

im salzigen sand
zerscherbte muscheln
krebszangen an seetang
der großen kette des lebens
entrissen und auf den schautisch
des strandes geschleudert

im wellengespül
planschende planken
plunder aus plastik
zeugen von überfluss
oder seenot
wer weiß

und wir menschen
welch fernem schiffbruch
sind wir entronnen
gestrandet an den ufern des
blauen planeten und finden im sand
nichts als die eigenen fußspuren

gedanken am teich

es ist kein großer teich
darin aber
entdeckung einer
neuen welt

vielfältiges gewimmel
zu wasser und zu land
als ob das leben
hier erfunden worden wäre

der seerose steht
das wasser bis zum hals
und doch blüht sie
im festtagsweiß

könnte man doch
wie die libelle aus der larve
aus der haut fahren
um davonzufliegen

wird dem taumelkäfer
deshalb schwindlig
weil er die welt über
und unter wasser zugleich sieht

das wasser spiegelt mein gesicht
wie im vexierbild kann ich
wählen was ich sehen will
mich selbst oder die tiefe

im frieden

jeder will was von mir
stets und ständig

am schlimmsten
meine eigenen erwartungen
an mich selbst
ich bitte mich
lass mich doch in ruhe

endlich draußen

der berg
steht felsenfest in sich
will nichts von mir

der baum
ruht wurzeltief in seinem grund
will nichts von mir

die schwalbe
schwebt federleicht im flug
will nichts von mir

hier endlich
will auch ich
nichts mehr von mir

wasserfall

wildwasser bist du
kein braver dahinfluss
man kann dich nicht stauen
und durch turbinen zwängen
du bist hinreißend
angstfrei schießt du über
lässt dich los
freier fall
in tosende tiefen
zerstäubst zu einem schleier
silberseidensanft
in deinem sprühenden leben
bricht sich das licht
zu einem fächer
siebenfarbenfach

nächtlicher bote

die sichelbarke
aus silbernem mondlicht
trägt meinen traum
über das meer aus blauer nacht
in deine weit off'nen augen

nach zielloser irrfahrt
lichtjahrelang
findet mein sternbild
in deinen pupillen
sein schönstes geschick

mit der letzten sternschnuppe
verglüht alles begehren
dass deine hand jedoch
immer noch in meiner ist
wunschloses glück

die wahre schönheit

lädt auch unten am bach
die sandbank zum bleiben
lockt doch von oben
der in stein gehauene ruf
staunend steige ich
die felswand empor
im stufenlosen höher
ein wegerich als signal
seiner farben froh
hochgefühl auf dem gipfel
windrosenblick
allehimmelweit
einsame spitze

die ich mit
niemandem teile
vollendet schön
wäre alles erst
in der zusammenschau
mit dir

windrose

meine sehnsucht
als segel gesetzt
ob ein windhauch aufkommt
hin zu dir

meine hoffnung
schwankendes schilfrohr
und zugleich im grunde
verankerter seerosenteppich

meine träume
im gegenwind der gefühle
doch die kompassnadel ausgerichtet
magnetpol du

unsere liebe
segel und wind
gemeinsamer wellenritt
ins himmelwasserblau

vorsicht zerbrechlich

sei achtsam
selbst das luftig
schwebende
und gehauchte
kann brechen
eine wolke
oder ein wort

am zerbrechlichsten
jedoch
zwischen
bangen
fingerspitzen
das getrocknete
vergissmeinnicht

ohne gewalt

harte nüsse
und menschen

nicht mit dem hammer
zu knacken

licht und wärme
locken den keim

die schale öffnet sich
von innen

von der Zerbrechlichkeit des Lebens

magna parens

die große gebärende
allverschlingend zugleich

geburtengewaltig die natur
und frisst doch ihre kinder

stumpf wie eine stampfende maschine
belebt und tötet sie in eins

sie kennt nicht recht noch gnade
weder mitleid noch erbarmen

warum hat das dumpfe nur
empfindsames hervorgebracht

und den menschen
der sich mit fragen quält

tot oder lebendig

ist das leben
ein aggregatzustand des todes

ist der tod
der ungezeugte zwillingsbruder des lebens

ist das leben
der ausnahmezustand des todes

ist der tod
die quintessenz des lebens

ist das leben
die schillernde maske des todes

ist der tod
der umkehrschluss des lebens

ist das leben
ein selbstversuch der toten materie

ist der tod
der parasympathikus des lebens

ist das leben
der tod des todes

treibhauseffekt

die große weite
welt hat sich im tabaksqualm
verduftet frischluft kommt
aus dosen und künstlichen
tannenbäumen wir sitzen
im glashaus und können mit steinen
werfen wie wir wollen das kohlendioxid
zieht nicht mehr ab nicht einmal
durch das ozonloch

Warnung vor dem Menschen

ETs aller Planeten
Marsmenschen und
Bewohner von Alpha Centauri
nehmt euch wachsam
vor dem Menschen in acht

seine Sonden suchen euch in entfernten Galaxien
Satelliten spionieren die geheimsten Gestirne aus
großer Lauschangriff auf fernste Signale im All

auf der Suche nach fremdem Leben
schweift der Mensch in gigantische Fernen
doch das Lebendige in seiner Nähe
tritt er mit achtlosen Füßen

Stunde um Stunde
wird eine Tierart ausgerottet
unwiederbringlich verloren

Leben auf fremden Sternen
versteck dich vor dem Menschen
wehe wenn er dich findet

das ende von eden

es gibt kein unkraut
sündenfall der einteilung
in gut und böse
apfel und schlange
schädling und nutzvieh

lass kraut und rüben
querbeet durcheinander wachsen
nur der großer gärtner kennt
die geheime schönheit
allen lebens

wenn der mensch jedoch
vermeintlich unkraut
zu vertilgen trachtet
wird er am ende noch
sich selbst ausrotten

Metamorphosen – Verwandlungen

der wolf
im schafspelz
und frisst doch
kein gras

der wolf
mit kreidestimme
und singt doch
kein friedenslied

der wolf
im tanzschritt
und steht doch
auf kriegsfuß

der wolf
lammfromm
und sucht sich doch
ein opfertier

und der mensch
dem menschen
immer noch kein mensch

der Glanz
des Übernatürlichen

großer abgesang

die natur
ein kommen
und gehen
vor allem
ein gehen

supernovas altern
sterne stürzen ins schwarze
kometen verglimmen
selbst der diamant
zermahlen vom zahn der zeit
der archeopterix ausgestorben
der dodo ausgerottet
der areopag in ruinen
die codices verkohlt

was bleibt
ist erinnerung
der erste kuss
das kleine restaurant am meer
hand in hand mit dem mondlicht
und nichts mehr zwischen uns

wenn aber wir
nicht mehr sind
wer erinnert sich dann
an unsere erinnerungen

naturdenkmal

tag für tag
wird das lichtspiel des himmels
auf ungezählten blättern
achtsam verbucht

der pralle frühling
und die überlänge des winters
eingeschrieben ins gedächtnis
des jahresringbuchs

in der rindenhaut bleibt
die verwachsene herzwunde
zwischen zwei namen
als narbe festgehalten

heute nacht hat der sturm
unsere buche entwurzelt
wer bewahrt jetzt unsere geschichte
vor dem großen vergessen

kräutergarten

auf ärmstem erdreich
blühen gerüche
und heilende würze

doch der tod
schießt krebsartig
ins kraut

gegen das sterben
ist kein kräutlein
gewachsen

in mir aber wuchert
unausrottbar
drang nach leben

bin ich am ende
vielleicht ein unkraut
das nicht vergeht

alles fließt

felsenfest stehen die steine
gebirge aus gehärtetem granit
gebaut für die ewigkeit
doch der stein trügt

hitze und frost
hand in hand mit
dem wechselnden wind
zermahlen das gestein
für die große sanduhr der zeit
lawinen aus geröll
donnern in die tiefe
und weiche wasser
runden die kiesel
rollen sie bis ins meer

kein stein bleibt
auf dem andern
der festeste fels
wird wegbewegt
und am ende der tage
vielleicht sogar
der schlussstein
meines grabes

wer

wer hat den urknall gehört
und das erste auge gesehen

wer hat die sterne in den himmel geschleudert
und die sonne vorgeglüht

wer hat das leben farbenfroh gemalt
und des todes dunkel beigemischt

wer hat den vögeln das singen gelehrt
und den menschen die freude daran

wer gibt uns ein zuhause
und lässt uns doch an heimweh sterben

wer nur
wer

Geburt des Morgens

der letzte Stern
gibt der Amsel den Einsatz

im Crescendo des Lichts
wächst die Erwartung des neuen Tages
der erste Sonnenstrahl
bricht sich in den Nachttränen

tausendfaches Aufblitzen im Tau
als habe sich der Sternenhimmel

in den Grashalmen verfangen
alle Farben werden neu erfunden

ein Atemzug Ahnung
vom ersten Schöpfungstag

brücke über den grenzfluss

kreuzung von
wasser und land

luftig im
hohen bogen

durchlässig für den
fluss in der tiefe

vertraut mit
beiden ufern

immer gespannt
wer kommt

es gibt
ein jenseits

verwurzelt im licht

wir
die stets unsteten
ausgewurzelte bäume
wind und wetter
wehen uns ins bodenlose

von uns selbst
vor uns hergetrieben
streifen wir ohne sitzfleisch
durch unsre wohnzimmer
ruhelose nomaden
kein fundament
kann uns halten

bleibe finden wir
einzig und allein
in jener sehnsucht
mit den wurzeln nach oben
himmelwärts

spurensuche

auf weißer schneedecke
eingestickt die fährten
von fuchs und hase
vom tauwetter verwischt

in tiefen erdschichten
abgelagert der fußabdruck
des prontosaurus
doch das versteinerte zerfällt zu staub

auf felszeichnung und festplatten
sich zu verewigen
drängt es den menschen
alle speicher aber verlöschen

inwendig im menschen jedoch
bleibende brandspur
einer erhofften berührung
fehlanzeige ihrer selbst

schöne aussicht

wenn es dir eng wird
und die zimmerdecke schon
auf die haarspitzen drückt
entsteige dem kleinkarierten
deiner winzigen welt
hinaus hinauf
turmhoch bergan

mit dem überschreiten
jeder höhenlinie
lässt du das lastende
weiter unten zurück
steigst über die stadt
und über dich hinaus
alles engstirnige wandelt
sich in weitblick
rundum erneuernd

du bist über den berg
stehst über den dingen
und dir selbst
jetzt steigt
das gipfelgespräch
mit dem höchsten

im Garten der Sandrose

windweite Wüste
Sanduhr des leisen Sterbens
im ohrenbetäubenden Schweigen
tausend Sterne Einsamkeit
nur warme Luft
und keine Worte mehr
die Stille verweht meine Spuren
Angst fällt wie ein Stein aufs Herz
zum Verweilen ist der Boden zu heiß
mein eigener Schatten schützt mich nicht
Sandstrahl zerschmirgelt alle Masken
was bleibt ist der Durst
und brennendes Fernweh
die Kompassnadel zeigt nach innen
meine Sprachlosigkeit wird zum Gebet

sternbilder

gestirne formen
keine fische und bären
sind nicht waage
und wagen

nur der mensch
in seiner einbildung
wirft verrrückte phantasien
an die leinwand himmelszelt

ein bild jedoch im ganzen kosmos
nicht von menschengeist erdacht
das ist er selbst
als gottes ebenbild

schöpfung eines amateurs

aus purer liebhaberei
hat gott die welt geschaffen
nicht im wahn zur perfektion
seine leidenschaft gilt
den abermillionen
arten von käfern

und wie ein sammler
seltener marken
die blaue mauritius
als fehldruck ganz besonders schätzt
so ist der mensch
die krönung seiner kollektion

die Sprache des Meeres

rhythmisches Rauschen
grollender Aufbraus
donnerndes Toben
zischende Gischt
Klatschen im Takt
prustendes Sprühen
vielsagendes Glucksen
munteres Wellengeplauder
heimliches Murmeln

die Stille des Meeres aber
erzählt von noch
unendlich mehr

Sprachkünstler

ganz heimlich
hat der Wind
dem Menschen
die Sprache abgelauscht
und ahmt nun seine Stimme nach
in allen Variationen

säuseln und seufzen
hauchen und heulen
wimmern und weinen
knarren und knattern
toben und tosen
brüllen und brausen
schwallen und schweigen

was Wunder
dass selbst Gott
sich manchmal
des Windes bedient
um zum Menschen zu sprechen

das schweigen gottes

hallo
ist da jemand

es ist so still
unter den stummen sternen
und schneeteppich
dämpft den schritt

wohnt hinter allem lärm
nur ein eisiges schweigen
so angestrengt ich auch lausche
ich kann nichts vernehmen

ist ER vielleicht derjenige
der unser hören hört

nah am wasser gebaut

im anfang
war die träne
dem salzwasser
entstieg das leben

dünnhäutig
durch große liebe
feuchte augen
und manchmal zum heulen

am ende aber
weinen vor freude
in glück getaucht
o süßes meer

höherentwicklung

am anfang
fressen und gefressen werden

am ende aber
geliebt werden und lieben

höher
geht nicht mehr

Natürlich suchen wir das Übernatürliche

Es beginnt wie im Märchen. Der Mensch erwacht aus der Ohnmacht und fragt: „Wo bin ich?“ Er findet sich vor inmitten einer unermesslichen Natur, die ihn umgibt. Nach einem Schlaf, lang wie ein Erdzeitalter, reibt sich der Mensch die Augen und stellt erstaunt auch die Frage: „Wer bin ich?“ Das Menschsein und die Religion beginnen mit diesem Erwachen aus dem Schlaf des Unbewussten.
Die Evolution hat im Menschen ein Wesen hervorgebracht, das sich seiner selbst bewusst wird. Und das unterscheidet ihn von all seinen Vorfahren. Der Mensch ist der einzige Affe, der danach fragt, was für ein Affe er ist. Ja, vielleicht ist er gar kein Affe mehr. Denn den Affen interessiert die Banane in der Hand nur als Nahrungsmittel. Der Mensch aber sinnt darüber nach, warum die Banane krumm ist und fragt sogar nach der Krümmung des Raumes. Der Mensch will wissen, was die Welt im Innersten zusammenhält. Er will alles enträtseln, den Sinn des Lebens ergründen und die Frage beantworten, die er sich selber ist.
Die endliche Natur hat mit dem Menschen ein Wesen hervorgebracht, das endlos Fragen stellt und über alles Vorgefundene nachdenkt. Blaise Pascal fand für diese Einsicht ein treffendes Bild: „Der Mensch ist nur ein Schilfrohr, das schwächste in der Natur. Aber ein Schilfrohr, das denkt.“

Der zum Bewusstsein erwachte Mensch findet sich vor in einer immensen Natur, die ihn birgt und nährt – und zugleich erschreckt. Diese Natur steht dem Menschen aber nicht nur gegenüber, sondern der Mensch nimmt wahr, dass er selbst ein Teil der Natur ist, die ihn hervorgebracht hat. „Natur" kommt von „nasci" – gebären. Die Natur ist die große Gebärende, die universale Mutter. Von dieser übermächtigen Natur erfährt sich der Mensch als abhängig. Seit Vorzeiten wird die Natur daher als die große Göttin verehrt, der sich der Mensch verdankt und die er zugleich fürchten muss. Denn diese Göttin hat eine ambivalente Gestalt: Sie ist überfließender Mutterschoß und verschlingendes Grab zugleich.
Die ursprünglichen Religionen sind sogenannte Natur-Religionen. Unsere Vorfahren erlebten sich als Teil des Kosmos mit seinen Gesetzen und Abläufen, von denen sie abhängig waren: von Sonne und Regen, vom Zyklus der Jahreszeiten, von der Gabe der Fruchtbarkeit. Man interpretierte diese Zyklen durch Mythen. Die Griechen etwa kannten den Mythos von Demeter, die im Herbst in die Unterwelt hinabsteigen muss. Mit ihrem Abschied von der Erde sterben die Pflanzen ab. Doch wenn sie im Frühjahr wieder zurückkommt, blüht alles neu auf. In diesen Mythen werden die Abläufe der Natur als sichtbare Folgen eines Spiels unsichtbarer Mächte gedeutet. Es sind verborgene Gottheiten, die das Werden und Vergehen der Natur bewirken und am Laufen halten.
Eine erste Antwort des Menschen auf das große Rätsel des Daseins lautet also: Die Natur ist göttlich. Die Entstehung des Kosmos und die Abläufe

der Natur verdanken sich dem Wechselspiel göttlicher Kräfte, das sich in den Kreisläufen der Natur sichtbar niederschlägt. Der Mensch ist Teil dieser Natur. Er ist abhängig von den göttlichen Mächten, die er daher auch zu bedienen hat. Die Opfer, etwa die Erstlingsfrüchte oder die Erstgeburt, sind Ausdruck des Dankes an die Götter.
Davon unterscheidet sich der biblische Glaube an Gott als Schöpfer der Welt. Das Universum entsteht nicht aus einem Götterkampf, sondern wird von einem einzigen Gott geschaffen, der seiner Schöpfung gegenüber völlig andersartig bleibt. Für die Bibel sind die Erscheinungen der Welt daher kein Ausdruck des Wirkens von Gottheiten. Es ist nicht der griechische Gott Helios, der *als* Sonne auf- und untergeht. Es ist auch nicht die Mutter Erde, die Pflanzen gebärt, nährt und schließlich wieder verschlingt. Sonne, Mond und Sterne sind Laternen und keine Götter mehr. Die Natur, die für viele Religionen von Göttern bevölkert ist, wird entzaubert. Wenn die Natur nun aber kein Spielplatz von Göttern mehr ist, so kommt ihr auch keine Heiligkeit mehr zu, die den Menschen Angst und Schrecken einjagt. Vielmehr wird die Natur jetzt zu einem dem Menschen anvertrauten Garten, den dieser in Gottes Namen zu beackern hat. In diesen Zusammenhang gehört der Auftrag Gottes an den Menschen: „Macht euch die Erde untertan“ (vgl. Gen 1,28).
Geschichtlich gesehen, war es dieser Glaube an Gott als Schöpfer, der zu einer „Entzauberung der Natur“ geführt hat. Die Natur ist nicht mehr göttlich. Und daher steht sie dem Menschen zur freien Verfügung: Er kann sie erforschen und sich nutz-

bar machen. Das moderne Programm der Naturerforschung verdankt sich somit auch diesem Glauben an Gott als dem Schöpfer der Welt, der dem Menschen seine Schöpfung anvertraut hat. Der Mensch soll den Garten der Welt allerdings nicht verwüsten, sondern ihn, wie das Buch der Genesis sagt, hüten und bebauen (vgl. Gen 2,15). Durch den göttlichen Auftrag, die Welt in Gottes Namen zu verwalten, wird der Mensch zum Ebenbild Gottes. Damit ist eine Art Stellvertretung gemeint: Der Mensch soll wie ein Wesir im Namen Gottes die Erde sorgsam verwalten. Dazu gehört der Respekt vor den Mitgeschöpfen. Adam gibt den Tieren Namen und erkennt sie damit in ihrem Eigensein an. Sie haben gewisse Rechte und sind nicht bloß Rohmaterial für die Nutzung des Menschen. Daher werden auch die Tiere in den Bund Gottes mit Noah aufgenommen (vgl. Gen 9,12 f.). Die Gottebenbildlichkeit darf also nicht als absolute Verfügungsgewalt über die Schöpfung missverstanden werden. Vielmehr ist der Mensch eine Art von Sprecher der ganzen Schöpfung. Stellvertretend für Kosmos und Evolution kann der Mensch das Wort ergreifen und Gott danken. Er kann das Lob der Schöpfung anstimmen. Das Lob Gottes besteht darin, dass die Schöpfung bejaht und bewahrt wird.

In der Bibel finden sich viele Psalmen, die die Schönheit der Schöpfung bestaunen. In diesen uralten Gebeten kommt zum Ausdruck, dass der Mensch mit großer Ehrfurcht und Achtung vor dem Wunderwerk der Schöpfung steht. Nun hat der Mensch freilich auch die Freiheit, sich diesem Auftrag zu verweigern. Der Mensch als Krone der

Schöpfung kann pervertieren: Er kann zur Dornenkrone der Schöpfung werden.
Im Lauf der Geschichte hat der Mensch die Natur nicht nur interpretiert, sondern auch verändert. Seit der Neuzeit hat das naturwissenschaftliche Denken immer mehr Lebensbereiche erfasst und das Antlitz dieses Planeten von Grund auf verwandelt. Dies hat zu großartigen Fortschritten geführt. Die Forschung schenkt uns faszinierende Ausblicke in die Weite des Kosmos und Einblicke in die Gesetze des Lebendigen. Aber unser Planet ist auch bedroht. Denn ein rein technisch-naturwissenschaftliches Weltbild kennt nur Messen und Machbarkeit, nicht aber das Staunen vor der Schönheit, die Ehrfurcht vor dem Lebendigen und die ethische Verantwortung für das menschliche Handeln.
Seit der Neuzeit behandelt der Mensch die Natur zunehmend als eine reine Sache, die ihm uneingeschränkt zur Verfügung steht. Es geht um ein Herrschaftswissen, das der Mensch der Natur gewaltsam entreißt. Die totale Vermessung der Welt ist freilich ein vermessenes Unterfangen. Wir können zwar Liebe auch als ein Wechselgeschehen von Hormonen und Gehirnströmen zu verstehen suchen. Und vielleicht kann man evolutionsbiologisch erklären, dass der Kuss ursprünglich ein Fütterungsvorgang und das Streicheln ursprünglich ein Lausen gewesen sein könnte. Dem Küssenden aber wird dies – zu Recht! – völlig gleichgültig sein. Liebe lässt sich nicht messen – auch nicht in Streichel-Einheiten … Natürlich steht es jedem frei, sich selbst als eine biochemische Struktur zu verstehen und eine Freundschaft als

eine Reaktion zu interpretieren, bei der die „Chemie stimmt". Zugleich stellt sich die Frage, ob ich mit einem Menschen befreundet sein möchte, der meine Zuneigung auf eine chemische Formel zurückführen will.

Hier wird offenkundig, dass die Sichtweise, die alles analysieren und messen will, an Grenzen stößt. C.S. Lewis hat dies an einem Beispiel deutlich gemacht. Es ist durchaus sinnvoll, die Oberfläche von Dingen zu durchschauen, so wie man etwa durch eine Fensterscheibe hindurch den Garten draußen sieht. Wer aber die analysierende Sichtweise auf alles ausdehnt, der will dann auch den Garten durchschauen und das, was hinter dem Garten liegt – und immer so fort. Wer aber alles durchschaut, der sieht nichts mehr. Denn um das Gesehene einschätzen und bewerten zu können, braucht es Maßstäbe, die man nicht gleichzeitig auch noch durchschauen kann. Würden nämlich alle menschlichen Einschätzungen und Wertvorstellungen letztlich nur auf biochemischen Vorgängen beruhen, so gäbe es keinen gültigen Maßstab für „wahr oder falsch" oder für „gut oder böse" mehr. Alle ethischen, ästhetischen oder religiösen Bewertungen wären romantische Illusionen, hinter denen nichts als biochemische Prozesse stünden.

Max Frisch erzählt in seinem Roman „Homo faber" von einem Techniker, der im Flugzeug unterwegs ist und dann in der mexikanischen Wüste eine Notlandung machen muss. Während andere Passagiere die Schönheit des Mondes in der Wüste bestaunen, sagt er: „Ich bin Techniker und gewohnt, die Dinge zu sehen wie sie sind. Ich sehe: den Mond über der Wüste, klarer als je, mag sein, aber eine errechenbare Masse, die um unseren Planeten kreist, eine Sache der Gravitation, interessant, aber wieso ein Erlebnis?“ In einer Sprache, die nur die Begriffe der Physik kennt, kann das Staunen oder das Bewundern des Schönen nicht vorkommen.

Es braucht neben der objektivierenden noch andere Zugangsweisen, um die uns umgebende Welt und uns selbst zu erkennen. Diesen Sichtweisen geht es nicht um das Durchschauen und Messen, sondern um Anschauen und Bewundern. Ein solcher Zugangsweg ist sympathisch, das heißt mitleidend und mitfühlend. Weil wir selber ein Stück Natur sind, können wir von innen her erleben, was Natur ist. Weil wir selber leben, spüren wir, was Lebendigkeit bedeutet. Einer solchen Erkenntnisweise geht es nicht um Naturbeherrschung, sondern um das Empfinden der Zugehörigkeit zum Strom des Lebendigen. Um dem Großen und Ganzen gerecht zu werden, braucht es also neben dem kühl berechnenden Umgang mit der Welt diesen einfühlsamen Zugang zur Natur, der uns wieder mit Staunen und Ehrfurcht erfüllt.

Wer mit offenen Augen durch die Welt geht, dem bleibt bisweilen der Mund offen stehen. Seit es Menschen gibt, sind sie hingerissen von der Größe und Schönheit der Natur. Der Lauf der Sonne, der wechselhafte Mond, die wandernden Sternbilder lassen den Menschen nach oben schauen. Zu seinen Füßen bringt die Erde im Kreislauf der Jahreszeiten Keim, Blüte und Frucht hervor. Das Leben ist vielfältig, bunt, bizarr, erfinderisch. Es ist fast unglaublich, was sich in den verschiedensten Klimazonen und Meerestiefen an Lebensformen entwickelt hat. Schließlich wird sich der Mensch selbst zum Anlass des Staunens: Das Wunder von Zeugung und Geburt, von Schönheit und Liebe, aber auch die Frage nach Leid und Tod halten die Menschheit in Atem und geben ihr zu denken. Inmitten eines unvorstellbar weiten Universums, dem gegenüber wir winzig und vergänglich sind, stellt sich die Frage nach unserem eigenen Ursprung: Ist der sehende Mensch Produkt eines blinden Geschehens? Oder gibt es eine anders ansetzende und weiterführende Sichtweise dieser Welt?

Es beginnt wie im Märchen. Im Menschen erwacht die stumpfe Natur und wird sich ihrer selbst bewusst: Wo bin ich? Wer bin ich? Warum lebe ich? Warum soll ich das Gute tun? Was hat einen bleibenden Wert? Warum müssen wir sterben? Was wird aus der Liebe, die ich gelebt habe? Seit Urzeiten fragen die Menschen nach einem größeren Zusammenhang, der dem Leben und der Geschichte einen Sinn verleiht.

Die religiöse Erfahrung basiert darauf, dass der Mensch über sein Ich hinausblicken und die Grenzen seines Selbst überschreiten kann. Irgendwann in der langen Geschichte der Evolution beginnt er, auch über Sinn und Unsinn der Welt nachzudenken. Seither macht er sich – wohl als einziges Wesen unter den Sonnen – seine Gedanken über Mond und Sterne, Leben und Tod, Sein und Zeit, All und Nichts. Der Mensch staunt vor der Welt, die ihn gleichzeitig fasziniert und ängstigt. „Die Kuh fragt nicht nach dem Tod" (Ionescu) – aber der Mensch weiß, dass er sterben muss, und will wissen, warum. Er fragt sich, warum es überhaupt etwas gibt und nicht einfach nichts. „Nicht wie die Welt ist, ist das Mystische, sondern dass sie ist“ (Ludwig Wittgenstein). Religion entzündet sich also primär nicht an einzelnen Wundern, sondern im Staunen darüber, dass die Welt ein einziges Wunder ist.

Gläubige Menschen lesen die Welt als einen Hinweis auf eine größere Wirklichkeit, der sich alles verdankt. Manche Menschen ahnen in der Faszination eines Sonnenuntergangs die Gegenwart einer Wirklichkeit, die es gut mit uns meint. Wenn ein Kunstwerk anspricht, so stellt sich die Frage: Ist der Zauber eines Bildes oder einer Musik ein Hinweis auf etwas zeitlos Schönes, das „ewig schön“ ist? Wir werden konfrontiert mit unserer Vergänglichkeit. Und zugleich keimt eine Hoffnung auf das Bleibende. Wir haben Sehnsucht danach, dass das Gute einen bleibenden Wert hat und dass Liebe den Tod überdauert.

Die religiöse Weltsicht nimmt diese Sehnsucht des Menschen ernst. Die Natur, das Leben, wir selbst sind wie Geschenke, die etwas vom Geber erahnen lassen. Die Welt wird in ihrer Transparenz auf das Göttliche hin verstanden und durchschritten. Um es in einem Beispiel zu verdeutlichen: Stellen wir uns zwei gleiche Bücher vor, die jemand in der Hand hält. Rein äußerlich ist zwischen den beiden Büchern kein Unterschied festzustellen. Aber das eine Buch wurde in einer Buchhandlung gekauft. Das andere ist dagegen ein Geburtstagsgeschenk. Beide Bücher haben ihren Wert. Aber das geschenkte Buch hat einen Mehrwert, eine besondere Qualität. Denn es erinnert an einen lieben

Menschen, der mit diesem Geschenk seine Freundschaft zum Ausdruck gebracht hat. Diesen Mehrwert sieht man dem Buch äußerlich nicht an. Mit den Augen der Liebe aber kann man das Buch in einem ganz anderen Licht sehen.

Ähnlich kann man die Schöpfung mit den Augen des Glaubens betrachten. Wenn Gott die Welt aus Liebe erschaffen hat, warum sollte man dann diese Liebe nicht herausschmecken können? Durch alle Dinge, durch Sonne und Mond, Baum und Blume strahlt die Gegenwart Gottes auf! Die Natur wird „symbolisch", d.h. durchsichtig auf Gott – so wie eine geschenkte Rose ein Ausdruck von Freundschaft ist, eben: durch die Blume gesagt. Wer nicht an Liebe glaubt, dem wird die Rose nichts sagen. Wer die Welt aber mit den Augen des Glaubens lesen kann, für den können Blumen sprechen.

Natürlich kann man die Schönheit der Welt auch sehen und sich an ihr freuen, ohne an einen Schöpfer zu denken – so wie man ein Kunstwerk bewundern kann, ohne sich für den Künstler zu interessieren. Der Gläubige aber freut sich nicht nur am Kunstwerk. Er will darüber hinaus auch den Künstler kennenlernen, um ihn zu loben, ihm zu danken und ihn zu ehren.

In den Bildern der Natur spiegeln sich unsere eigenen tiefsten Sehnsüchte: die Frage nach Werden und Vergehen, nach Leben und Tod, nach Liebe und Ewigkeit. In der Natur spricht uns das göttliche Geheimnis des Lebens an. Der Apostel Paulus geht im Römerbrief davon aus, dass wir Menschen die unsichtbare Wirklichkeit Gottes an den Werken der Schöpfung wahrnehmen können. Ganz in

diesem Sinn forderte etwa der Franziskaner Berthold von Regensburg (geboren um 1210) in einer Predigt auf: „Ihr sollt lesen am Himmel und auf der Erde. Das sind eure Bücher. Ihr sollt an der Erde lernen und an Bäumen und an dem Korne und an den Blumen und an dem Grase.“ Der Dichter Angelus Silesius brachte diesen Gedanken auf die schöne Formel: „Die Schöpfung ist ein Buch: wer's weislich lesen kann,
dem wird darin gar fein der Schöpfer kundgetan.“
Und Pierre Rousselot stellte schließlich fest: „Heilige gerieten in Ekstase beim Anblick eines Grashalms.“

Es gab sogar theologische Strömungen, die aus der wunderbaren Konstruktion der Natur eine Art von Gottesbeweis herzuleiten versuchten. Man staunte über die Zweckmäßigkeit von Pflanzen und Tieren, deren Eigenschaften so erstaunlich perfektioniert sind – und schloss daraus auf die Weisheit des Schöpfers. Die theologische Strömung, überall in der Natur Zweckmäßigkeiten zu suchen, führte manchmal auch zu Kuriositäten und trieb absurde Blüten hervor. So wurde darüber spekuliert, dass Gott die Flöhe erschaffen hat, um die menschliche Reinlichkeit zu fördern. Oder dass die Ohren des Menschen so geformt sind, dass er einen Hut tragen kann. Zu Recht wurde kritisch bemerkt, dass man die Schöpfung auch anders sehen kann denn als Gottes klug durchdachtes Werk. Denn in der Natur gibt es auch das Unzweckmäßige, das Grausame und das Zerstörerische.

Doch wie dem auch sei: Sowohl das Schöne und Wunderbare als auch das Hässliche in der Natur werfen Fragen auf, die uns nicht mehr in Ruhe lassen. An dieser Nachdenklichkeit entzündet sich der Glaube an Gott als Schöpfer der Welt. Man darf sich diesen freilich nicht wie einen Uhrmacher vorzustellen, der die Natur perfekt – oder eben fehlerhaft – konstruiert hat. Und schon gar nicht kann es darum gehen, die naturwissenschaftliche Erklärung – etwa die Evolutionstheorie – in Gegensatz zum Glauben an Gott zu bringen. Glaube ist kein Ersatz für das Wissen, sondern ein nachdenklicher Umgang mit unserem Wissen. Der Glaube beginnt nicht dort, wo das Denken endet, sondern umgekehrt: Der Glaube beginnt aus eigenen Gründen. Wo der Glaube ins Spiel kommt, beginnt das Denken noch einmal neu.

Wer sich aufmerksam und nachdenklich der Welt zuwendet, kann dem göttlichen Geheimnis des Lebens auf die Spur kommen. Wir lesen die Natur als Hinweis auf das Übernatürliche.

Und dann lesen wir Texte, in denen sich unsere Erfahrungen verdichtet haben. Die Natur wird zum Bild für das, was wir innen erleben. Etwa das Bild der Wüste, um zu sagen, dass es mir schlecht geht: „Ich fühle mich ausgetrocknet." Wenn es uns dagegen gut geht, sagen wir: „Ich fühle mich wie ein Fisch im Wasser." Naturgedichte wollen mit ihren Bildern dazu anregen, über uns selbst nachzudenken. Sie können zu einem Weg werden, um sich dem unaussprechlichen Geheimnis Gottes zu nähern. Verdichtete Worte lassen aufhorchen, so dass man zu ahnen beginnt: Hinter dem Sichtbaren wartet eine unsichtbare Wirklichkeit.

Inhalt

Die mit * gekennzeichneten Gedichte wurden mit Preisen ausgezeichnet bzw. bei Wettbewerben für Anthologien ausgewählt und in diesem Zusammenhang bereits veröffentlicht.
Andere Gedichte wurden bereits veröffentlicht in:

- Andreas Knapp, Ausblick ins Unendliche und Andreas Knapp (mit Fotografien von Barbara Wolfers), Echter Verlag Würzburg 2012
- Andreas Knapp, Werdet Vorübergehende, Edition L, Hockenheim 2001

von der Erde und ihren Elementen

mit den Jahreszeiten unterwegs

was dem Menschen blühen kann

tierisch Menschliches

der Mensch im Spiegel der Natur

von der Zerbrechlichkeit des Lebens

der Glanz des Übernatürlichen

Bibliografische Information der Deutschen Nationalbibliothek

Die Deutsche Nationalbibliothek verzeichnet
diese Publikation in der Deutschen Nationalbibliografie;
detaillierte bibliografische Daten sind im Internet über
‹http://dnb.d-nb.de› abrufbar.

2. Auflage 2024

www.echter.de

Umschlag: Peter Hellmund
Satz: Hain-Team (www.hain-team.de)
Druck und Bindung: Rudolph Druck GmbH & Co. KG, Schweinfurt

ISBN 978-3-429-04408-4

Von Andreas Knapp sind im Echter Verlag ebenfalls erschienen:

Mit Engeln und Eseln
6. Auflage 2024
ISBN 978-3-429-03636-2
Hörbuch auf CD
ISBN 978-3-429-03738-3
Hörbuch – Download
ISBN 978-3-429-06205-7

Und er sucht Platz unter uns
von Trygve Skogrand
mit Texten von
Andreas Knapp
ISBN 978-3-429-03770-3

dass ein licht geboren werde
Tischkalender
ISBN 978-3-429-03858-8

Das Ende vom Ende
Geschichten gegen den Tod
ISBN 978-3-429-03918-9

Vom Segen der Zerbrechlichkeit
Grundworte der Eucharistie
6. Auflage 2024
ISBN 978-3-429-04451-0

Pace e bene!
Ein spiritueller Pilgerbegleiter für den Franziskusweg
ISBN
978-3-429-05367-3
978-3-429-05036-8 (PDF)
978-3-429-06446-4 (ePub)

Noch knapper
99 Miniaturen über Gott und die Welt
ISBN 978-3-429-05608-7

Die Gedichtbände von Andreas Knapp

im Echter Verlag

Weiter als der Horizont
10. unveränd. Auflage 2024
ISBN 978-3-429-02506-9

Brennender als Feuer
9. Auflage 2020
ISBN 978-3-429-02624-0

Tiefer als das Meer
6. Auflage 2018
ISBN 978-3-429-02772-8

Gedichte auf Leben und Tod
5. Auflage 2019
ISBN 978-3-429-03039-1

Höher als der Himmel
5. Auflage 2020
ISBN 978-3-429-03295-1

Ausblicke ins Unendliche
Naturgedichte mit Fotos von Barbara Wolfers
ISBN 978-3-429-03571-6

Heller als Licht
6. Auflage 2024
ISBN 978-3-429-03736-9

ganz knapp
Gedichte an der Schwelle zu Gott
4. unveränderte Auflage 2024
ISBN 978-3-429-05477-9

Mit Pauke und Salböl
Gedichte zu Frauen der Bibel
ISBN 978-3-429-05681-0

ist wie Liebe
Gedichte
ISBN 978-3-429-05793-0

noch knapper
99 Miniaturen über Gott, Welt und Mensch
ISBN 978-3-429-05608-7

www.echter.de